LOS ORANGUTANES Y SUS NIDOS

POR ELIZABETH RAUM   ILUSTRADO POR ROMINA MARTÍ

AMICUS ILLUSTRATED es una publicacion de Amicus
P.O. Box 1329, Mankato, MN 56002
www.amicuspublishing.us

Información de catálogo de publicaciones de la biblioteca del congres
Names: Raum, Elizabeth. | Martí, Romina, illustrator.
Title: Los orangutanes y sus nidos / por Elizabeth Raum ; illustrated por Romina
Martí.
Other titles: Orangutans build tree nests. Spanish
Description: Mankato, MN : Amicus, [2018] | Series: Animales constructores |
Series: Amicus illustrated | Audience: K to grade 3.
Identifiers: LCCN 2017005318 | ISBN 9781681512822 (library binding)
Subjects: LCSH: Orangutans--Juvenile literature.
Classification: LCC QL737.P94 R3818 2018 | DDC 599.88/3--dc23
LC record available at https://lccn.loc.gov/2017005318

EDITORA : Rebecca Glaser
DISENADORA : Kathleen Petelinsek
Traducción de Victory Productions, www.victoryprd.com

Impreso en los Estados Unidos de América
10 9 8 7 6 5 4 3 2 1

ACERCA DE LA AUTORA

De niña, Elizabeth Raum caminaba por los bosques de Vermont buscando rastros de los animales que vivían allí. Se leyó todos los libros sobre animales que había en la biblioteca de su escuela. Ahora ella vive en Dakota del Norte y escribe libros para lectores jóvenes. Muchos de sus libros son acerca de animales. Para saber más, visita: www.elizabethraum.net

ACERCA DE LA ILUSTRADORA

Romina Martí es una ilustradora que vive y trabaja en Barcelona, España, donde sus ideas cobran vida para públicos de todas las edades. A ella le encanta explorar y dibujar toda clase de criaturas del mundo entero, que luego se convierten en los personajes principales de la mayoría de sus obras. Para saber más, visita: rominamarti.com

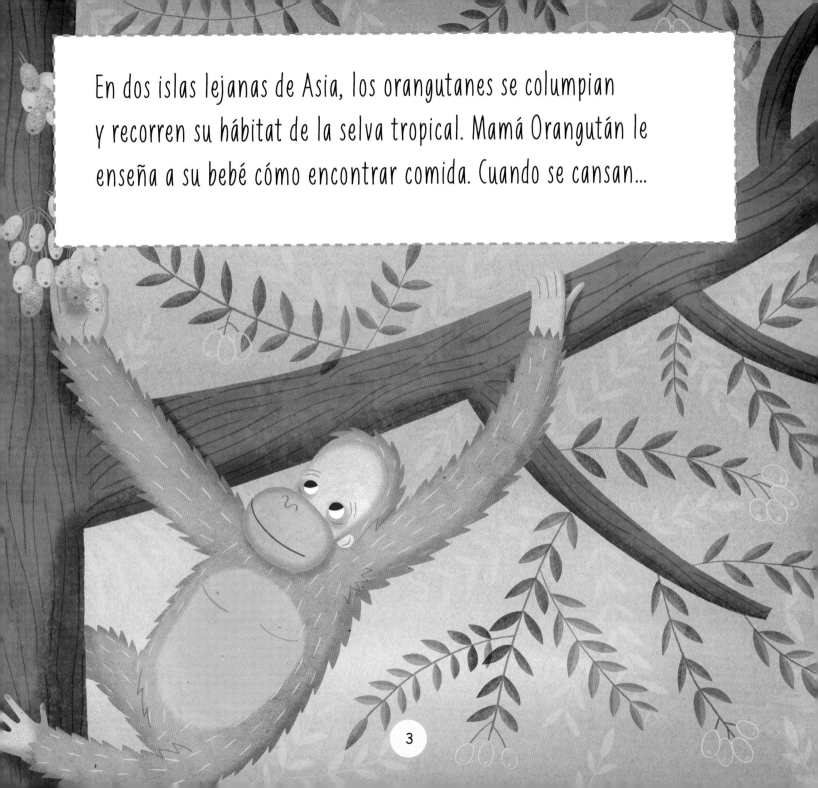

En dos islas lejanas de Asia, los orangutanes se columpian y recorren su hábitat de la selva tropical. Mamá Orangután le enseña a su bebé cómo encontrar comida. Cuando se cansan...

... Mamá busca un lugar para dormir. Los orangutanes son solitarios. Suelen vivir solos. Pero los bebés se quedan con su madre por varios años.

Para la siesta de la tarde, Mamá hace un nido rápidamente. Pero ya es tarde. Todas las noches, ella hace un nido nuevo y fuerte para dormir bien por la noche.

El primer paso es hallar el árbol correcto. ¡Este no! No hay paz ni silencio en un árbol de fruta. Los ruidosos murciélagos fruteros comen toda la noche. Otros animales hambrientos también pueden pasar a buscar una merienda de medianoche o a desayunar temprano.

7

8

¡Este sirve! Tiene un tronco grueso y ramas fuertes. Las hojas dan sombra. Ayudan a protegerse de la lluvia. Mamá elige una rama resistente o un grupo de ramas para sostener su nido.

El bebé mira mientras Mamá construye. Mamá se para encima de una rama y dobla ramas grandes hacia el centro. Las ramas crujen pero no se rompen.

Estas forman la base del nido. Tiene que ser muy fuerte. Los orangutanes son pesados. Pesan tanto como un humano adulto.

Mamá añade a la base ramas pequeñas con hojas. Ella trenza las puntas. Estas forman un colchón. El nido es más fuerte en los bordes. El centro es suave y acolchado. Mamá trabaja rápido. Hacer un nido tarda unos 15 minutos.

Finalmente, Mamá añade toques especiales. Ella amontona ramitas con hojas en un extremo. Estas son almohadas.

Ella hace una manta de ramas con hojas. Si llueve, ella usa
una hoja grande como paraguas.

Mamá y su bebé están en lo alto del follaje, en el mundo
de hojas en la cima de la selva tropical.

Los tigres rondan por el suelo del bosque. También hay panteras nebulosas y cazadores humanos. Pero Mamá y bebé están a salvo, durmiendo en lo alto de su nido.

Después de una buena noche de descanso, Mamá Orangután y su bebé despiertan. Se columpian por los árboles en busca de frutas deliciosas.

Más tarde, el bebé desarma un nido viejo para aprender cómo se hace. Él trata de hacer su propio nido, pero es un desastre. ¡Necesita años de práctica! Por ahora dormirá en el nido de Mamá.

Lugares donde viven los orangutanes

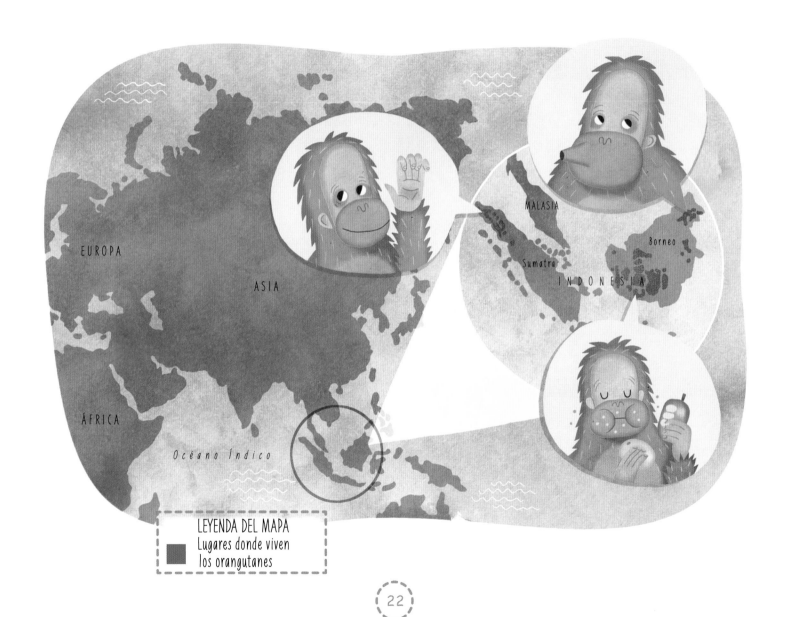

EUROPA

ASIA

ÁFRICA

Océano Índico

MALASIA

Sumatra

INDONESIA

Borneo

LEYENDA DEL MAPA
Lugares donde viven
los orangutanes

Construye como un orangután

Los orangutanes hacen nidos doblando y tejiendo las ramas de los árboles. Prueba este método para hacer un modelo de un nido con cartón y tiras de papel.

LO QUE USAN LOS ORANGUTANES	LO QUE NECESITAS
Ramas fuertes de los árboles	Un plato de cartón duro de unas 7 pulgadas (18 cm) de diámetro Tiras de cartón, cortadas de una caja de cereal
Ramas más pequeñas de los árboles	Tiras de papel de más o menos 1/2 pulgada (1.2 cm) de ancho

LO QUE HACES

1. Corta un círculo en el centro del plato de cartón.

2. Corta la caja de cereal en 4 tiras, cada una más o menos de 1 pulgada (2.5 cm) de ancho y 8 pulgadas (20 cm) de largo.

3. Dobla las tiras de cartón sobre el borde del plato. Colócalas a la misma distancia y luego engrápalas. (El cartón debe cubrir el agujero del plato).

4. Coloca cinco o seis tiras de papel sobre las tiras de cartón. Engrápalas en el borde. Ahora teje más tiras a través del cartón para hacer un colchón.

5. Coloca un pequeño animal de peluche en el nido, mientras sostienes el nido en el aire. ¿Sostiene a tu peluche? De no ser así, ¿cómo puedes tejerlo para que sea más fuerte?

GLOSARIO

follaje Techo formado por las hojas de las ramas más altas en una selva.

hábitat Lugar donde suele vivir una persona o un animal.

orangután Simio grande y de brazos largos que vive en las islas de Borneo y Sumatra.

pantera nebulosa Gato salvaje con manchas en forma de nubes en el pelaje, que vive en las islas de Borneo y Sumatra.

selva tropical Bosque lluvioso con árboles altos y de hojas anchas, en un área donde llueve mucho.

solitario Vivir solo, no en familia ni en grupos.